Publications des « TEMPS NOUVEAUX »

L'ÉDUCATION LIBERTAIRE

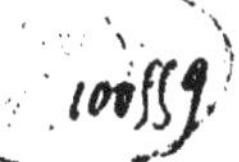

CONFÉRENCE

PAR

DOMELA NIEUWENHUIS

PARIS

Aux Bureaux des « TEMPS NOUVEAUX »

140, RUE MOUFFETARD, 140

1900

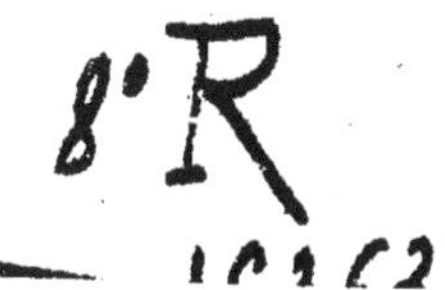

Publications des « TEMPS NOUVEAUX », N° 12

L'ÉDUCATION LIBERTAIRE

PAR

Domela Nieuwenhuis

PRIX : 0 fr. 10

1er tirage : 10.000 exemplaires

PARIS
Aux Bureaux
des « TEMPS NOUVEAUX »
140, rue Mouffetard

1900

En dehors de l'album, nous avons :

Titre	Prix		Franco
Un repaire de malfaiteurs, *par Wuillaume.*	1 »	*franco*	1 15
L'Ecrasement, édit. par *An-Archist* d'Amsterdam	1 »	—	1 15
Bakounine, *portrait au burin par Barbottin*	» 50	—	» 60
Proudhon, *portrait au burin par Barbottin*	» 50	—	» 60
Cafiero	» 50	—	» 60
Un frontispice en couleur, *par Wuillaume,* pour le premier volume du Supplément	1 25	—	1 40

Brochures éditées par le groupe des *E. S. R. I.* :

Titre	Prix		Franco
Les Révolutionnaires au Congrès de Londres.	(épuisée)		
Réformes et Révolution	id.		
L'Individu et le Communisme	id.		
Comment l'Etat enseigne la [illegible]rale			1 20
Misère et Mortalité			» 20
Pourquoi nous sommes internationalistes	(épuisée)		
Les Anarchistes et les Syndicats			» 20
Le Rôle et les formes de la propagande socialiste, *par P. Lavroff*			» 20
La Commune de Paris et la notion de l'Etat, *par Michel Bakounine*	» 10	*franco*	» 15
La Scission socialiste	» 10	—	» 15
Anarchie et Communisme, *par Cafiero*	» 10	—	» 15
Les Endormeurs, *par Michel Bakounine*	» 10	—	» 15

CHANSONS

Titre	Prix
La Carmagnole avec les couplets de 1793, 1869, 1883, etc.	» 10
L'Internationale; Crevez-moi la sacoche; Le Politicien, *de E. Pottier*	» 10
Ouvrier, prends la machine; Qui m'aime me suive; Les Briseurs d'images	» 10
La Chanson du Gas; A la Caserne; Viv'ment, brav' Ouvrier, etc	» 10

Le cent : 4 fr. 50; l'exemplaire, par la poste : 0 fr. 15

L'ÉDUCATION LIBERTAIRE

CONFÉRENCE

Par Domela Nieuwenhuis

Avec une génération adulte, on ne peut jamais beaucoup entreprendre dans l'ordre politique comme dans l'ordre intellectuel, en matière de goût comme de caractère. C'est pourquoi il faut agir avec patience et commencer par l'école; les résultats suivront.

C'est le grand connaisseur du cœur humain, c'est Gœthe qui le dit, et il a raison. Les Jésuites, qui ont étudié la nature humaine, surtout le côté faible de cette nature — là est tout le secret de leur influence — disent toujours : « Donnez-nous les enfants », car ils savent que quiconque a les enfants est le maître de l'avenir.

Commencer avec les enfants. Bon! Mais voici la première difficulté : qui est-ce qui doit commencer avec les enfants? La génération adulte qui ne vaut rien? Que peut-on attendre d'une telle œuvre? Supposez que quelqu'un ait des idées divergentes. Pensez-vous que l'on ira lui confier l'éducation? Certes non. Chacun le craint, et autour de lui on tend un cordon sanitaire comme autour du bétail malade. Les enfants entendent dire que c'est un mauvais sujet ou un fou, avec des théories dangereuses, et qu'il faut l'éviter. Ses idées seraient-elles mille fois plus logiques et plus sages que celles qui ont cours, on lui enlève toute possibilité de commencer avec les enfants.

L'influence immense de l'éducation sur la formation

de l'homme est reconnue en général, mais n'en est pas moins négligée. Comment serait-il possible, autrement, qu'il y eût si peu d'*unité dans l'éducation?* Je dis *éducation*, mais je vous demande : Combien de nous ont eu une éducation dans le sens normal du mot? Un sur dix? Un sur cent? Un sur mille? Regardez autour de vous et demandez-vous à vous-mêmes si la grande majorité ne se conduit pas comme si elle était composée de sauvages, et combien peu de personnes montrent dans leur conduite qu'elles aient eu une éducation. Bien plus, quel est le nombre de ceux qui savent, qui comprennent ce que c'est que l'éducation? On apprend tout, excepté l'art de l'éducation. Quand deux jeunes gens vont vivre ensemble, c'est déjà beaucoup s'ils ont quelque notion du ménage; mais demandez à ce futur père et à cette future mère s'ils ont jamais lu un livre sur l'éducation des enfants, quelles sont leurs idées en cette matière, vous les étonnerez bien. Bientôt, ils ont des enfants, et, alors, la formation d'un homme est dans les mains de gens tout à fait ignorants de la tâche qu'ils ont à remplir.

L'éducation de l'homme! Mais savez-vous bien que c'est la tâche la plus difficile de toutes, et cependant il est très peu de choses pour lesquelles on se donne si peu de peine.

L'éducation, qu'est cela? Le mot le dit d'une manière significative. *Educatio*, mot latin, composé du mot *è*, de, et *ducere*, tirer. C'est donc extraire ou tirer la substance de l'homme. En allemand, même sens : *Erziehung*, de *er* et *ziehen*. Ce n'est donc pas de l'extérieur à l'intérieur, mais au contraire de l'intérieur à l'extérieur.

Le mot *développement* est également bien choisi. Il est formé de *de* et d'*envelopper*. Eh bien! envelopper c'est entourer une chose avec une autre, et développer c'est ôter l'emballage, l'enveloppe, de sorte que la chose se montre telle qu'elle est.

Ce dont l'enfant a besoin pour son éducation, ce n'est pas autre chose que ce que la plante demande pour son développement, pour sa croissance : l'*air libre*, la *lumière*, l'*alimentation*. L'éducation ne consiste donc pas à faire savoir extérieurement, mais à tirer de l'intérieur ce qui y est en germe.

Rousseau l'exprime très bien quand il dit dans son *Emile :* « Nous naissons faibles, nous avons besoin de forces: nous naissons dépourvus de tout, nous avons besoin d'assistance : nous naissons stupides, nous avons besoin de jugement. Tout ce que nous n'avons pas à notre naissance et dont nous avons besoin étant grands, nous est donné par l'éducation. Cette éducation nous vient de la nature, ou des hommes, ou des choses. Le développement interne de nos facultés et de nos organes est l'éducation de la nature : l'usage qu'on nous apprend à faire de ce développement est l'éducation des hommes : et l'acquis de notre propre expérience sur les objets qui nous affectent est l'éducation. »

Cette division est très juste ; mais quand il commence son livre par ces paroles : « Tout est bien, sortant des mains de l'auteur des choses : tout dégénère entre les mains de l'homme », nous sommes tout à fait en désaccord avec lui. Premièrement, nous ne pouvons dire que *tout est bien ;* secondement, nous ne connaissons pas un auteur des choses et encore moins un auteur avec des mains, qui, comme un habile artisan, fait tout selon un modèle ; troisièmement, pourquoi dire que tout dégénère? Qu'est-ce que dégénérer? Quel est l'auteur des choses dont le travail peut être gâté par les hommes? Mais l'homme n'est-il pas, lui aussi, un produit de ses mains? Alors, un des produits gâte les autres. Quel charlatan, quel bousilleur, cet auteur des choses!

On oublie toujours que l'homme lui aussi est une partie de la nature, qu'il n'existe pas vis-à-vis de la nature, mais dans la nature dont il fait partie intégrante. Et qui de nous peut dire ce qui est bien? Nous pouvons dire ce qui est agréable ou nuisible pour nous, mais nous ne sommes pas toute la nature. La vermine, par exemple, est pour nous très désagréable, mais avons-nous le droit de dire qu'il n'est pas bien qu'elle existe? Nous oublions que du point de vue de la vermine les hommes sont des animaux très nuisibles pour elle et elle a le même droit de nous appeler la vermine, que nous de lui donner ce nom.

Cependant, il y a une grande part de vrai dans ces paroles de Rousseau. Notre action éducationnelle consiste, non pas à diriger, mais à faire dégénérer la nature. Ce n'est pas l'indépendance, la spontanéité qu'on cherche à éveiller, on n'a d'autre but que de faire de ses enfants la seconde édition de soi-même. Et cette seconde édition n'est pas toujours une édition corrigée et améliorée.

L'éducation de la nature ne dépend pas de nous, mais ce qu'on peut exiger des hommes, c'est qu'ils ne mettent pas d'obstacle, par leur intervention, à cette éducation. Il en est de même de l'éducation des choses : elle est le produit du milieu, et il n'est pas au pouvoir des parents de choisir ce milieu. Mais l'éducation des hommes, c'est notre affaire. Ce que l'homme doit apprendre, c'est à vivre. Cela vous étonne, peut-être? Et vous direz : « Mais nous vivons! » Non! ce n'est pas vrai pour la grande majorité des hommes; nous ne vivons pas, nous végétons; du matin au soir, nous travaillons pour obtenir de quoi nous remplir à peu près l'estomac, puis nous dormons pour nous restaurer et pour faire provision de nouvelles forces afin de continuer le lendemain notre travail, et ainsi jusqu'à ce que la mort nous atteigne. Je vous le demande : *Est-ce vivre?* Vivre, cela signifie : développer toutes ses facultés, réaliser toutes ses aptitudes, non seulement pour soi, mais aussi pour les autres. Il est indispensable, pour cela, de savoir ce que veut dire : *être homme*.

Le poète a dit :

Etre homme, le sais-tu? Ce n'est pas peu de chose.
C'est être patient, c'est être juste et fort.
C'est vouloir, c'est aimer, à toute noble cause
C'est donner en entier sa vie et son effort.

C'est employer sa force à servir la faiblesse,
C'est souffrir, c'est lutter avec les opprimés
C'est vouloir relever tous ceux que l'on abaisse,
C'est porter dans son cœur tous les déshérités.

Pour devenir un homme, il nous faut la libre étude et le libre exercice de tous nos organes.

Dans une école pour filles de chez nous, on a retiré du programme des études l'hygiène, sous prétexte que les filles n'ont rien à faire avec cette branche de la science. Quelle absurdité ! La femme, destinée à devenir maîtresse de maison, n'aurait rien à faire avec l'hygiène ! La femme, qui a dans ses attributions les soins de la cuisine, de la lingerie, du vêtement, — et ces choses ont une importance capitale à l'égard de la santé de l'homme — n'aurait rien à faire avec l'hygiène ! Et, bientôt mère, elle aura dans ses mains la santé, la vie de son cher enfant et l'on ose dire qu'elle n'aurait rien à faire avec l'hygiène ! L'amour est un grand bienfaiteur, mais vous savez que l'amour est aveugle et, s'il n'est éclairé, il peut causer les plus grands maux.

Une alimentation bonne et saine, voilà la première condition de la santé, car le petit être nécessiteux qu'on appelle l'homme est avant tout un être doué de sens. Les premiers mensonges, grâce auxquels on prépare les enfants à en avaler bien d'autres dans la suite, sont l'emmaillotement, l'habillement, le bercement et la peur de Croque-mitaine. Le plus grand éloge de bien des mères à l'égard de leur enfant est : « l'enfant est si sage qu'on ne l'entend pas ; c'est comme si je n'avais pas d'enfant. » Donc un enfant qui fait comme s'il n'y était pas, voilà l'idéal, l'enfant modèle. Mais alors, celui-ci est surpassé par la poupée, qu'on n'entend jamais.

Le corps lui-même n'ose étudier en liberté. Défense aux poumons d'apprendre à fonctionner, car ce n'est que par contrebande que le nouveau-né peut crier. L'ébranlement du cerveau et l'immobilité des poumons — telles sont les deux causes pour lesquelles nous comprenons si peu et nous disons les choses si incomplètement.

C'est encore Rousseau qui nous montre le chemin, quand il dit : « L'homme civil naît, vit et meurt dans l'esclavage : à sa naissance, on le coud dans un maillot ; à sa mort, on le cloue dans une bière ; tant qu'il garde la figure humaine, il est enchaîné par nos institutions. » Et disons-le librement : toute notre sagesse consiste en préjugés serviles, tous nos usages ne sont qu'assujettissement, gêne et contrainte. Je vous demande s'il n'est pas cruel de charger le nouveau-né d'un fardeau de préjugés, par lesquels le voyage pour la vie, déjà si difficile, le devient encore beaucoup plus. Et la force des usages, des coutumes et des mœurs est encore dix fois plus tyrannique que les lois. Aussi stupide, aussi cruelle que soit une loi, les mœurs sont encore plus stupides et plus cruelles. Ajoutons que nous osons faire ensemble un grand nombre de crimes dont chacun de nous pris séparément aurait honte. Et nous les laissons faire chaque jour et partout sans protester. Toute la philosophie, toute la sagesse de la vie se résume pour les quatre-vingt-dix-neuf centièmes de l'humanité dans le dicton : *Nos pères ont pensé et agi ainsi, nous devons penser et agir comme eux;* tout le monde autour de nous pense et agit ainsi, pourquoi penserions-nous et agirions-nous autrement que tout le monde?

Oh! quelle somme énorme de stupidités et de crimes peut-on commettre au compte de Monsieur Tout-le-Monde! On a presque le droit de dire que le genre humain n'a pas d'ennemi plus acharné que ce M. Tout-le-Monde, derrière lequel chacun abrite tous les méfaits et les crimes qu'il a commis.

Et cela dès la jeunesse. C'est le principe d'autorité qui domine tout. Cela commence dans la maison paternelle, cela se continue à l'école, puis à l'atelier, ensuite au service militaire, et ce principe nous poursuit jusqu'au tombeau.

D'abord l'autorité des parents. Connaissez-vous tyrannie plus grande que celle des parents envers leurs enfants? C'est le droit du plus fort exercé dans tout son arbitraire et sans contrôle. On exige l'obéissance la plus passive de l'enfant qui s'habitue ainsi à obéir. Quand un enfant pose des questions, on lui répond souvent : « *Un enfant ne doit pas tout savoir.* » Interrompt-il dans un discours pour obtenir un éclaircissement? On lui dit : « *Un enfant doit se taire et écouter.* » Fait-il quoi que ce soit qui déplaît, de sa propre initiative ? « *Mêle-toi de tes affaires et non de cela.* » L'enfant n'ose rien dire, rien demander, rien faire... sans permission. S'il dit : « Je veux », on lui répond : « *Un enfant n'a rien à vouloir.* » On opprime sa volonté, on tue son individualité. Ses pensées, ses paroles, ses actes doivent se modeler sur ceux de ses parents. Il ose être tout, excepté lui-même ; et le premier principe fondamental de toute éducation est que *l'enfant soit l'enfant.*

Et cependant la tâche des parents sages est de se rendre inutiles, de sorte qu'à un certain âge les enfants soient indépendants et puissent voler de leurs propres ailes.

L'autorité des parents ne repose sur rien. Les enfants ne nous ont pas demandé à naître, et nous nous arrogeons, par le fait de leur naissance, le droit d'être leurs maîtres. Remarque bien curieuse : dans les dix commandements de Moïse on dit bien : « Enfant, honore tes parents », mais non : « Parents, honorez vos enfants. » Est-ce donc pour nous un devoir d'honorer nos parents, quand ils ne sont pas honorables? Pour ma part, j'estime, puisqu'on parle de devoirs, que les parents ont sûrement le devoir de soigner les enfants, tandis que le devoir qu'auraient les enfants de soigner les parents est discutable. Et quand un enfant nous dit : « Pourquoi m'avez-vous fait naître? Je ne vous ai pas demandé à venir au monde », que peuvent répondre les parents?

J'ai toujours observé — peut-être cela vous semblera un paradoxe, mais pensez-y bien — que les parents sont les pires éducateurs de leurs enfants. J'ai même connu des personnes qui faisaient d'excellents éducateurs pour les enfants des autres, mais qui gâtaient positivement leurs propres enfants.

A l'autorité paternelle s'ajoute plus tard l'autorité du maître d'école et là aussi le principe est le même : « Obéis, et reste tranquille. » Figurez-vous l'enfant, à cet âge plein de vie et d'énergie, obligé de rester tranquille durant des heures entières! Comme moi, vous avez assisté à la sortie d'une école. Quel mouvement! Quelle joie! Quelle vie! La comparaison m'est toujours venue, avec une collection d'animaux ordinairement enfermés dans une cage et qu'on lâche un instant. Il n'est pas flatteur de comparer l'école à une cage, mais, je vous le demande, la comparaison n'est-elle pas juste?

Ecole et liberté! Ces deux termes peuvent-ils s'accorder? Oh! nous sentons bien que l'école n'est pas ce qu'elle doit être, et cependant quelle différence entre l'ancienne école de ma jeunesse et celle d'aujourd'hui! Je crois avoir remarqué que la résistance des enfants pour aller à l'école est beaucoup moindre qu'autrefois.

Nous vivons dans une époque de transition, qui, nous l'espérons, sera courte. Par-ci par-là on s'efforce de trouver de nouvelles voies. Je citerai l'école de Cempuis, fondée par Robin; l'école des Roches d'Edmond Demolins; l'école de Yasnaïa Poliana, fondée par Tolstoï, dans lesquelles le disciple est son propre maître. Tolstoï dit si bien : « Nous ne pouvons pas nous défaire du vieux préjugé qui veut que l'école soit considérée comme une compagnie militaire commandée aujourd'hui par tel sous-officier, demain par tel autre. » Pour le maître d'école épris de liberté, chaque élève a sa personnalité distincte, son goût personnel, dignes de considération. Sans cette liberté, sans ce désordre apparent généralement estimé impossible et réputé si étrange, nous n'aurions pas cinq méthodes pour apprendre à lire. Nous ne pourrions même pas nous en servir ou les modifier selon le désir des enfants; nous n'aurions pu obtenir les remarquables résultats que nous avons obtenus dans ces derniers temps dans l'art de lire.

Rousseau dit que la lecture est le fléau de l'enfance. C'était vrai autrefois, mais d'après ce que j'ai vu dans nos écoles avec la méthode moderne, il n'en est plus ainsi, et je fus fort surpris quand je lus, dans un article de mon jeune ami Roorda dans l'*Humanité Nouvelle*, — il est lui-même professeur dans une école, mais dans une école de moyens — de voir qu'il était du même avis que Rousseau, et qu'à son avis, l'enfant ne doit pas apprendre à lire avant dix ou onze ans. Mon expérience m'a démontré que l'enfant de six ou sept ans a le désir d'apprendre à lire et il fait aujourd'hui de si rapides progrès qu'il est heureux de l'avoir appris en si peu de temps.

Le moins que l'on peut exiger de l'école est qu'elle s'applique avant tout à ne pas restreindre la vie intellectuelle et physique de l'enfant, et le maître doit avoir le plus grand soin que l'élève vive là dans la joie. On a réalisé de nombreux changements, beaucoup d'améliorations; mais le maître ne peut pas tout ce qu'il voudrait. Et certainement, quand par les magnifiques journées du printemps, de l'été, de l'automne et même de l'hiver, le maître dit à ses élèves : « Voyons le programme des leçons », au lieu de « Sortons, allons courir au soleil dans la campagne », il commet une faute pédagogique, sinon un crime envers la jeunesse.

Ne sort-elle pas de notre cœur, cette réflexion de Rousseau : « Nos premiers maîtres de philosophie sont nos pieds, nos mains, nos yeux. Substituer des livres à tout cela, ce n'est pas nous apprendre à raisonner, c'est nous apprendre à beaucoup croire et à ne jamais rien savoir. C'est la bonne constitution du corps qui rend les opérations de l'esprit faciles et sûres. » L'étude de la nature est certainement le meilleur moyen pour la liberté de l'étude. Car l'existence ne ment pas. Quiconque étudie les lois de l'existence, tue avec la plus grande certitude les préjugés. Ce que les Latins expriment par « rerum cognoscere causas », connaître les causes des choses, est le plus sûr moyen d'éviter le naufrage sur les écueils de la superstition et de la stupidité. Deux maximes françaises méritent d'être mentionnées parce que, dans l'éducation, on doit éviter tout ce qui répand ou entretient les préjugés, car ceux-ci sont les plus grands obstacles à l'exercice de la pensée et à l'atteinte de la vérité. La première est de La Rochefoucauld : « Le désir de paraître empêche souvent le devenir. » L'apparence trompe et elle est l'ennemie de la connaissance solide. La seconde est : « Ça ne doute de rien. » Le manque de doute est un moyen infaillible de ne jamais rien savoir. « Qui ne part pas, ne peut arriver. » Qui ne s'efforce pas, ne peut atteindre. Qui ne cherche pas, ne trouvera jamais.

Ça ne doute de rien veut dire : C'est un stupide arrogant; pis encore, il est condamné à rester stupide toute sa vie parce qu'il barre le chemin à l'examen. Les vrais savants doutent de tout, examinent tout, et la défense de douter est le meilleur moyen de tuer le libre examen. car elle oblige à s'en rapporter aveuglément aux paroles d'autrui, soit des parents, soit du maître d'école. L'avertissement : « Passage défendu » est toujours un obstacle à la vérité ; et le plus grand ennemi des progrès du genre humain est le commandement : « Tu ne douteras pas. » Comment peut-on atteindre le mieux, quand on n'est pas mécontent de ce qu'on a? Ce ne sont pas les gens satisfaits, eux qui suivent l'ornière de la coutume, qui iront tenter de faire avancer le monde. Ce sont, au contraire, les mécontents qui cherchent de nouvelles voies; les hérétiques sont le sel de la société, c'est eux qui donnent le goût à tout.

Ce n'est pas l'autorité du saint ceci, du savant cela, de la tradition d'hier, de la sagesse de tout le monde, mais le bon droit du doute qui doit être reconnu comme la condition nécessaire du progrès, de l'exercice intellectuel de l'écolier; et partout où ce chemin est barré, l'école devient un obstacle au libre examen, à la vérité. Et le chemin de l'enfant est plein d'obstacles: « Cela ne se dit pas »... « Cela ne se fait pas »... « On ne demande pas cela. » Telles sont les paroles qu'il entend à chaque instant et par lesquelles on s'efforce d'étouffer le développement de sa personnalité et d'emprisonner sa jeunesse dans le corset de la mode, de la tradition, de la coutume, de l'opinion publique faite principalement par les autorités elles-mêmes.

Avant tout, il faut proclamer pour l'enfant le droit de penser, de parler franchement, de douter, d'avoir son opinion à soi et aussi le droit à la révolte. Tel est le code des droits de l'enfant, et, si l'école libertaire n'avait d'autre résultat que de proclamer ces droits dans l'éducation, que de les faire reconnaître partout, elle aurait fait encore une œuvre excellente.

Combien il est triste qu'à l'encouragement : « Sois toi-même », il soit répondu : « Impossible, car il n'est pas quelqu'un, il n'est personne ! » Et je vous le demande sérieusement, de combien de gens peut-on dire réellement qu'ils sont et se donnent eux-mêmes ?

C'est pourquoi l'éducation doit être individualisée dans le sens de la liberté. On doit se garder de dresser le caractère, l'esprit et le cœur, et le but à poursuivre ne doit être autre que la création de la liberté. Le culte *de la liberté de chacun et de tous*, *de la simple justice*, non juridique mais humaine, *de la simple raison*, non théologique ni métaphysique, mais de la science et du travail, tant manuel qu'intellectuel, telle est la base première de toute dignité et du droit de tous.

Si j'avais le temps, je vous lirais l'hymne de la liberté que Bakounine a si bellement chanté dans *Dieu et l'Etat*, et nous puiserions de la force dans ses paroles : « Je ne suis vraiment libre que lorsque tous les êtres humains qui m'entourent, hommes et femmes, sont également libres. La liberté d'autrui, loin d'être une limite ou la négation de ma liberté, en est, au contraire, la condition nécessaire et la confirmation. Je ne deviens libre vraiment que par la liberté des autres, de sorte que plus nombreux sont les hommes libres qui m'entourent et plus profonde et plus large est leur liberté, et plus étendue, plus profonde et plus large devient ma liberté. C'est, au contraire, l'esclavage des hommes qui pose une barrière à ma liberté, ou, ce qui revient au même, c'est leur bestialité qui est une négation de mon humanité, parce que, encore une fois, je ne puis me dire libre vraiment que lorsque ma liberté, ou ce qui veut dire la même chose, lorsque ma dignité d'homme, mon droit humain, qui consiste à n'obéir à aucun autre homme et à ne déterminer mes actes que conformément à mes convictions propres, réfléchis par la conscience également libre de tous, me reviennent confirmés par l'assentiment de tout le monde. Ma liberté personnelle, ainsi confirmée par la liberté de tout le monde, s'étend à l'infini. » Je dois interrompre ici ma citation, quoique le désir de continuer ne me manque pas.

Certainement nous péchons tous contre la liberté, car il me semble que chacun de nous porte en lui le démon de l'autorité, car dès que nous possédons quelque puissance, nous en abusons en devenant de petits ou de grands tyrans, suivant les cas. Mais déjà nous nous sentons plus élevés, nous nous sentons meilleurs quand nous subissons encore l'impression de ce Cantique des cantiques, de cet hymne magnifique de la Liberté.

Laissez les enfants libres — être libre est le désir de tout être dans la nature — car l'enfant apprend à penser, à comparer, à juger, à agir par lui-même. Développer, c'est-à-dire ôter l'enveloppe du « moi », de sorte qu'il puisse se déployer dans toute son ampleur, telle est notre tâche; et quand nous jetons les yeux sur l'œuvre de maints éducateurs, l'envie nous prend de nous écrier avec les Anglais : « Hands off! » Bas les mains! car vous gâtez les enfants par votre intervention.

Le manque d'attrait dans le travail provient souvent chez l'enfant de la contrainte à laquelle il est soumis; on lui donne de force une nourriture intellectuelle qu'il ne demandait pas. Quand l'estomac ne peut digérer un aliment et qu'on le lui donne contre son gré, l'enfant devient malade. Or, ne pensez-vous pas que lorsqu'on donne quand même à l'esprit une nourriture qu'il ne demande pas, l'esprit ne deviendra pas malade, lui aussi? Je ne crois pas à la paresse des enfants; je n'ai jamais vu un enfant normal et sain qui fût paresseux. Et c'est si vrai que quand l'enfant n'a rien à faire, il s'occupe à faire mal, car il ne peut demeurer sans rien faire. C'est nous, les adultes, qui créons les enfants paresseux. On cherche toujours la faute chez l'enfant, et on la trouve toujours chez l'éducateur. Pourquoi irions-nous presser les enfants d'accepter des choses qui ne les intéressent pas? Éveillez, provoquez l'intérêt et l'enfant va vous demander de raconter.

Les écoles sont des établissements dans lesquels on presse les enfants de s'intéresser à des sujets qui ne les regardent pas. Il en résulte parfois que l'on éteint en eux l'intérêt pour toujours. On doit apprendre à penser ; et souvent un enseignement inopportun — celui par exemple qui se donne à un âge où l'enfant n'est pas assez mûr — abrutit l'intelligence. On n'encourage pas chez les canards l'art de nager en jetant les œufs à l'eau. Ceux-ci doivent au préalable être couvés. Eh bien ! c'est la fidèle couveuse, la nature, qui se charge ici de couver.

Les impressions aussi ont besoin de temps pour porter leurs fruits. Et l'enfance est l'époque de la vie durant laquelle la plus grande masse d'impressions s'éveille en l'enfant. Il s'en produit tellement qu'il ne peut les élaborer toutes, et, en tout cas, il faut lui laisser le temps de les digérer. Les fruits secs de l'enseignement sont souvent dus à la négligence de cette observation.

Nous avons eu chez nous un philosophe dont vous connaissez certainement le nom, car le supplément littéraire des *Temps Nouveaux* a donné la traduction de divers morceaux de sa main, notamment ses incomparables légendes sur l'autorité, lesquelles méritent d'être conservées comme le livre d'or de tout anti-autoritaire. Je veux parler de Multatuli — ce pseudonyme veut dire : « J'ai beaucoup souffert. » Il a fait une conférence sur l'étude libre ; quand il recherche une définition — et l'art de définir est un des plus nécessaires ! — de l'étude libre, il dit : C'est poursuivre la vérité sans entraves ou l'absence d'entraves dans la recherche de la vérité.

Pour lui, il existe trois entraves principales : 1° le préjugé imprimé, gravé ; 2° le libre examen empêché ; 3° la maladresse de la personne qui se livre à l'examen. Il en signale encore d'autres dans la suite : 1° lire à rebours ou mal comprendre ; 2° fausser officiellement la vérité ; — les autorités ont presque toujours et partout pratiqué le faux ; 3° s'en rapporter aux paroles du maître, en disant avec Pythagore, comme conclusion à tout raisonnement : « Le maître l'a dit ; »

4° l'intérêt de la majorité par le maintien des mensonges qui rapportent du profit ; 5° l'opinion singulière que le désir de l'étude libre n'a d'autres causes que la paresse et la nonchalance, ou bien le mépris de la règle et de l'attention, comme si la nature gaspillait ses trésors à des ivrognes, à des rêveurs et à des fainéants ; 6° négliger l'occasion qui attire l'attention vers la vérité ; 7° n'écouter que ce qui vient d'un côté, en négligeant l'*audi et alteram partem* (écoute aussi l'autre parti) ; 8° attacher trop de valeur à des traits courts et piquants ; 9° la maladie du doute, ne pas confondre cette maladie avec le doute nécessaire, maladie qui ne conduit pas du doute à la science par l'examen, mais au contraire, sans examen, au néant ; 10° la lutte contre l'indigence matérielle, car le lutteur le plus hardi périt quand il lui faut donner la majeure partie de son temps et de son énergie à résoudre le problème de savoir comment il se maintiendra dans la vie en luttant. Vous savez combien l'ardeur de l'enthousiasme est refroidie quand la vie se consume dans la lutte pour les choses vulgaires, lutte dont le prix n'est qu'un ajournement de la mort.

Certes il n'est pas facile de se défaire des préjugés inculqués, car chaque nouvelle génération trouve au berceau tout un monde d'idées, d'imaginations et de sentiments qu'elle reçoit comme un héritage des siècles passés, et nous savons par expérience combien douloureuse est cette lutte permanente contre les préjugés religieux, politiques et sociaux. Mais sauvons nos enfants pour que la lutte ne leur soit pas si pénible, si difficile qu'à nous. Ayons soin que chaque génération aille un peu plus loin que nous ; prêtons-leur volontiers nos épaules pour que la jeunesse s'y hausse et jouisse d'une perspective plus vaste que nous qui sommes sur le sol.

Rousseau a dit : « La seule habitude qu'on doit laisser prendre à l'enfant, c'est de n'en contracter aucune. » La maxime est bonne, ainsi que l'idéal qui l'inspire ; mais, dans la pratique, elle est irréalisable, car nous sommes tous des animaux d'habitude. Et pour cause. L'homme, en effet, aime l'aisance et il est plus aisé de laisser penser et agir que de penser et agir soi-même. L'Eglise catholique l'a bien compris, et, en spéculant sur la faiblesse de l'homme, elle pense pour tous, et, si on la laisse faire, elle agit pour tous. Ce que l'Eglise ne fait pas, l'Etat le fait, et c'est sous la tutelle de Papa l'Etat et de Maman l'Eglise que l'humanité gémit sans pouvoir obtenir l'indépendance, la liberté.

Oh! combien l'Eglise connaît l'homme, et surtout ses faiblesses! On se plaint des Jésuites et de leur influence sur le monde; mais on se trompe quand on pense que les Jésuites rendent les hommes hypocrites; c'est au contraire l'hypocrisie humaine qui fait que les Jésuites trouvent un terrain si propice à leurs manœuvres. Si les hommes n'avaient aucun penchant pour l'hypocrisie, que deviendraient donc les Jésuites?

Il en est de même des tyrans. Ce ne sont pas les tyrans qui font d'un peuple un troupeau d'esclaves; c'est, au contraire, le servilisme des peuples qui rend la tyrannie possible. N'oublions pas que le tyran est toujours supérieur aux autres, sans quoi il ne serait pas le tyran. Il est aisé de vilipender les tyrans, vilipendons-nous plutôt nous-mêmes dont la lâcheté, l'indifférence tolèrent les tyrans. La faute en est en nous et non pas toujours en autrui, car pensez-vous qu'un peuple libre tolérera un tyran pendant une semaine, pendant une journée? C'est notre docilité, notre servilité qui nous donne des tyrans.

A proprement parler, nous ne pouvons avoir de pitié pour les peuples qui supportent le joug de la tyrannie, car ils ne méritent pas d'autre sort. Un peuple n'est que ce qu'il mérite d'être, et quand le tyran a du caractère, il n'a que le plus profond mépris pour le peuple si lâche, si bas, qui supporte son autorité.

Commençons avec les enfants. Au lieu de comprimer le sentiment de la liberté, qui est commun à tous les êtres, encourageons-le. Ne bannissons pas toute liberté de l'éducation, de l'école, ni d'ailleurs. Le maître ou mieux le guide de l'enfant ne donnera pas, au sens propre du mot, des leçons à ses élèves; son intervention n'aura d'autre but que de préparer les circonstances qui faciliteront les observations de l'enfant ou de montrer à celui-ci, par quelque question embarrassante, qu'il s'égare.

Roorda dit : « L'enfant n'apprendra à connaître la vie des bêtes et des plantes que peu à peu, on lui fera découvrir l'arithmétique, la géométrie, la physique, la cosmographie, bref, la terre et toutes choses qu'on y voit. Avec quatre fois moins de leçons, on pourrait, en supprimant les monstrueuses niaiseries qui figurent dans les programmes, donner à l'écolier une instruction assez développée pour qu'il puisse dès lors s'instruire tout seul. Cette instruction serait incomplète, car les élèves qui ont une instruction complète « savent leur histoire sur le bout du doigt ». Que l'enfant choisisse librement son travail. » Il cite aussi comme typique cette conversation échangée depuis des siècles entre le pédagogue et l'enfant. L'enfant arrive bruyant, avec sa curiosité irrespectueuse.

LE PÉDAGOGUE. — Que demande l'enfant? C'est à moi qu'il doit s'adresser. Je suis le pédagogue. Approche, mon ami...

L'ENFANT. — Monsieur...

LE PÉDAGOGUE. — Tais-toi, ne touche pas ça. Je devine ce que tu désires : tu voudrais voir le Beau. J'ai tout préparé pour toi : tiens, regarde dans cette petite boîte. Tu y verras le Beau... Mais que fais-tu? Ne regarde pas la fenêtre.

Approche... Eh bien! qu'en dis-tu?... C'est joli, n'est-ce pas?

L'ENFANT. — Monsieur...

LE PÉDAGOGUE. — Tais-toi, ne dis rien. Je sais ce qu'il te faut. Tu voudrais connaître le Vrai. Bien, bien. J'ai aussi préparé cela. Tiens, prends ce petit livre : le Vrai y est écrit.

L'ENFANT. — Monsieur...

LE PÉDAGOGUE. — Tais-toi, oui, je comprends : cela ne te suffit pas. Je t'enseignerai encore le Bien, car l'instruction n'est rien sans l'éducation. Voici les commandements... Tu connais maintenant le Beau. Les hommes l'admirent depuis deux mille ans. C'est le Beau classique. Ton père en a toujours été content.

Admire-le, sinon tu auras une mauvaise note. Dans ce petit livre tu trouveras le Vrai; les anciens, qui avaient plus d'expérience que toi, l'ont démontré. Enfin, tu connais aussi le Bien. Il est écrit en lettres d'or dans le cœur de l'homme; mais, pour plus de sûreté, nous l'avons formulé dans des codes dont il suffit d'apprendre par cœur tous les articles. Tu vois que c'est très commode ; tu n'auras à t'occuper de rien. »

C'est caractéristique, n'est-ce pas? Consultez votre expérience et vous conviendrez que c'est ainsi que les choses se passent dans l'école. Cette scène est prise sur le vif. Combien de mauvaises notes sont données aux élèves, et qui sont méritées par les maîtres! La méthode allemande formulée par ces mots : « les garçons doivent être dociles et soumis, M. le maître d'école leur apprend cela » est un peu internationale, car partout où il y a une école, on trouve un maître d'école, représentant de l'autorité.

Nos gouvernants comprennent très bien que l'instruction vraie et libre répandue dans le peuple serait la mort de tout gouvernement, car c'est grâce à l'imbécillité du peuple que les gouvernants peuvent jouer leur jeu aux dépens des peuples qui crient « Hosannah! » un jour et « Crucifiez-le! » le lendemain, qui applaudissent indistinctement deux orateurs dont l'un dit précisément le contraire de l'autre.

C'est le sinistre Thiers qui disait un jour: « Il n'y a que deux moyens de ramener le calme dans le pays et de détruire les idées dangereuses : c'est la guerre au dehors, ou bien la suppression des écoles primaires. »

D'après Thiers, donc, il n'y a que deux moyens pour la bourgeoisie de conserver l'ordre : abrutir les prolétaires ou en faire de la chair à canon. Et vous pensez qu'un gouvernement peut vouloir sérieusement l'instruction rationnelle et intégrale? Non, les écoles sont pour eux un mal nécessaire, dont on ne peut se passer, mais une instruction qui rende le peuple sage et intelligent est loin de faire leur affaire. Les écoles sont des établissements de dressage, dans lesquels on fait de bons citoyens, qui obéissent aux gouvernements.

Bourrer la mémoire d'une foule de choses qui ne sont bonnes qu'à être oubliées ; désapprendre de penser librement et avec indépendance — telle est l'œuvre de mainte école. Voilà pourquoi on a fait du maître d'école un fonctionnaire, un des rouages de l'Etat, qui ne doit fonctionner que pour le maintien de l'Etat. Quand le maître d'école n'empêche pas de penser, il a déjà fait beaucoup. Combien de mensonges sont l'aliment de l'esprit dans l'école ! *L'amour sacré de la patrie*, dans laquelle on a la liberté d'avoir faim, de chômer, la meilleure de toutes les patries, bien qu'elle ne donne pas la vie à ses propres enfants ; *la gloire de l'armée* qui est un des fléaux des temps modernes, parce qu'elle ruine les pays ; *l'obéissance aux lois*, faites par les riches pour opprimer les pauvres ; le respect de la *propriété* par les prolétaires qui ne possèdent rien, du *droit* et de la *justice* par ceux qui n'ont rien à défendre, de la *liberté* par ceux qui, esclaves, mourront demain s'ils n'ont pas le bonheur de trouver du travail ; la *satisfaction* quand on a tout au plus le nécessaire pour vivre, la *résignation* quand on n'éprouve autre chose que des privations : voilà ce qu'on appelle les vertus sociales, et l'on en veut l'observance, dans une société antisociale, par ceux qui sont les dupes de ces lois sous lesquelles ils vivent et auxquelles ils doivent se soumettre sous peine d'emprisonnement ou de bannissement.

Enfant, il faut apprendre tout cela afin de l'appliquer à l'âge adulte, comme citoyen. Dans nos écoles, les enfants apprennent une petite chanson qui dit : « Nous vivons libres, nous vivons gais, dans notre chère patrie. » Trois mensonges en trois lignes ! Et cependant on dit aux enfants : « Tu ne dois pas mentir. » Quand, au sortir de l'école, il entre dans le monde, il remarque que l'ouvrier, bien loin d'être un homme libre, est un esclave qui, s'il ne veut pas mourir de faim, est obligé de vendre sa force contre un salaire dont on peut dire qu'il est suffisant pour empêcher de mourir et insuffisant à faire vivre. Voilà, glorifiée, la liberté de beaucoup, courbés sous le joug de l'esclavage !

Et gais? Quelle part ont-ils de la terre, de sa beauté et de toutes ses richesses? Rien, rien, tout au plus quelques miettes qui tombent de la table des grands. Il y a lieu, en effet, d'être gai, quand on peine toute sa vie et que l'on croupit dans une continuelle misère!

Et cette chère patrie où l'ouvrier est né et où il doit souffrir, que lui donne-t-elle? Du sol de sa patrie, il ne lui appartient pas seulement de quoi l'inhumer. Pourquoi aimer une patrie qui ne donne que misère, esclavage et souci?

C'est ainsi que l'école devient pour les enfants une école de mensonge, d'hypocrisie. Et l'on compte sur l'école pour améliorer la génération future! Non, l'école, comme le dit le manifeste de l'*Ecole libertaire*, est, dans la société actuelle, « l'antichambre de la caserne où se passera l'ultime *dressage* pour l'asservissement ».

On se vante à grand bruit d'avoir supprimé la férule dans l'éducation et dans les collèges. Mais, je vous le demande, avez-vous supprimé de vos méthodes éducatives la contrainte, la violence et la douleur? Et toutes vos punitions ne sont-elles pas une autre forme de férule? Pourquoi n'a-t-on pas écouté les conseils de Fourier, de Robert Owen, qui ont répandu au sujet de l'éducation des idées saines et larges, lesquelles, appliquées, auraient donné une génération bien plus élevée que la nôtre? Suivant Fourier, l'éducation doit être :

Universelle et non exceptionnelle,
Conforme aux vocations et non arbitraire,
Convergente et non divergente,
Active et non passive,
Composée et non simple,
Intégrale et non partielle,
De développement et non de contrainte.

C'est ainsi que l'éducation devient *unitaire et attrayante*.

Éducateurs de la jeunesse, ouvrez le livre de Fourier et vous étudierez l'enfant tel qu'il est, vous suivrez sa nature, ses aptitudes, pour développer ce qui en lui est enveloppé. « Il est dans l'œuf un germe; il est de la nature de ce germe d'éclore, mais l'éclosion n'aura lieu que si l'œuf est placé dans une température convenable. Il est dans l'enfant de nombreux germes de facultés industrielles, de nombreuses vocations, mais ces vocations ne sauraient éclore si elles ne sont environnées des circonstances favorables à leur éclosion. »

La science de la nature humaine est encore très incomplète et cependant c'est elle qui doit nous guider si nous voulons obtenir de bons résultats. La nature humaine est composée d'affections animales, de facultés intellectuelles et de qualités morales. Ces trois ordres de choses diffèrent suivant chacun, et telle est la cause de la diversité des individus. Notre soin, en éducation, doit être d'écarter les influences qui peuvent nuire au développement de chaque individu, afin qu'il puisse devenir ce à quoi tend sa propre nature. Cette nature, résultat de l'hérédité et du tempérament, se réveille, mais aussitôt que l'homme vit dans un certain milieu, il subit l'influence des circonstances extérieures.

La difficulté est de trouver pour chacun le milieu qui lui convient. Et seulement l'homme déploiera toute sa force, l'essence de son existence, là où il pourra se développer dans la plénitude de son indépendance, là où il est, dans le sens le plus élevé du mot, une individualité, une personnalité.

Certes, il n'est pas de travail si difficile que l'éducation des enfants; car chacun, même avec la meilleure volonté, court le danger de former et de façonner l'enfant sur son propre modèle. Et cependant il faut travailler non du dehors au dedans, mais au contraire du dedans au dehors. Pour cela, l'enseignement par les faits sera la meilleure méthode. Si vous prêchez aux enfants le grand avantage, la bénédiction du travail et que vous ne travailliez pas vous-même, vous ne pourrez vous étonner que les enfants ne vous croient pas et ne conçoivent pas de respect pour le travail. Mais quand ils voient que vous travaillez vous-même, ils suivront votre exemple, car la prédication par l'exemple est la plus efficace des leçons.

Tout père qui engendre et nourrit des enfants a, selon Rousseau, trois devoirs à remplir : 1° Il doit des hommes à son espèce; 2° il doit à la société des hommes sociables; 3° il doit des citoyens à l'Etat. Tout homme qui peut payer cette triple dette et qui ne le fait pas est coupable, et plus coupable peut-être quand il la paie à demi. Celui qui ne peut remplir les devoirs de père, n'a pas le droit de le devenir. Avec de l'argent on peut tout acheter, même un remplaçant pour le père; mais le maître qu'on donne à ses enfants est un mercenaire, un valet, et le triste résultat d'une telle éducation, c'est que l'on forme aussi des valets.

Le désir de chaque socialiste libertaire est de voir ses enfants devenir des êtres doués d'une volonté propre, pleins d'initiative, des hommes de caractère, haïssant toute autorité extérieure, puisant en soi leur propre autorité et s'efforçant de conformer leur vie entière aux principes de la raison. Et cela n'est possible que quand l'enfant est laissé libre dès son enfance. Le sentiment de la dignité humaine doit être cultivé, et on ne le peut que par la connaissance de soi-même et du milieu dans lequel on vit. Ne séparons pas l'homme de la nature, car il est lui-même une parcelle de la nature à laquelle il appartient.

L'*Ecole libertaire* est un effort en ce sens. Aussi doit-on l'encourager autant qu'il est possible. Et, pour ma part, ce m'est un grand plaisir que d'assister à votre effort vers un enseignement intégral, rationnel, mixte et libertaire.

Soyons, comme ailleurs, l'avant-garde dans l'œuvre de l'éducation. Que l'amour de la liberté soit notre guide dans la grande tâche pour laquelle nous voulons vivre, lutter, souffrir et même mourir, car sans la liberté le monde est sans soleil, sans air frais, sans lumière, sans chaleur, sans amour. La vie sans liberté, ce n'est pas la vie; c'est la mort, et nous qui travaillons pour l'avenir, nous cultivons notre idéal, afin de préparer un monde dans lequel les hommes libres vivront dans une société libre.

PARIS. — IMPRIMERIE CH. BLOT, 7, RUE BLEUE

EN VENTE AUX TEMPS NOUVEAUX :

Les Primitifs, *par E. Reclus* 2 75
Bibliographie anarchiste, *par Nettlau* . . . . 5 »

Volumes de chez Stock :

La Conquête du pain, *par Kropotkine* 2 75
L'Anarchie, son idéal, *par Kropotkine* . . . . » 60
Œuvres *de Bakounine*. 2 75
La Société future, *par J. Grave*. 2 75
La Grande Famille, roman militaire, *par J. Grave* 2 75
L'Individu et la Société, *par J. Grave*. 2 75
Biribi, *de Darien* 2 75
Bas les cœurs! *de Darien*. 2 75
Sous-offs, *de Descaves*. 2 75
L'Anarchie, son but, ses moyens, *par J. Grave* 2 75
Sous la Casaque, *par Dubois-Desaulle* 2 75
L'Inquisition en Espagne, *par Tarrida del Marmol* 2 75
Fabrique de pions, *par Zéphyrin Raganasse* 2 75
Révolution sociale et Révolution chrétienne, *par Malato*. 2 75
La Commune, *par Louise Michel*. 2 75
L'Instituteur, roman, *par Th. Chèze* 2 75
Le Socialisme en danger, *par Domela Nieuwenhuis*. 2 75
Evolution et Révolution, *par Elisée Reclus*. 2 75

De chez Flammarion :

Les Paroles d'un révolté, *par Kropotkine*. 1 25

De chez Perrin :

Correspondance de Bakounine 2 75
Les Temps sont proches, *par L. Tolstoï*. . . . . » 50
Enquête sur la question sociale, *par J. Huret*. 2 75

De chez Schleicher frères (Reinwald) :

Les Religions, *d'André Lefèvre* . . . . 6 »
Force et Matière, *par Buchner* . . . . 6 »
Science et Matérialisme, *par Letourneau* . . . . 5 »

De chez Dentu :

Le Primitif de l'Australie, *par E. Reclus*. 2 75

De chez Charpentier :

Au Port d'armes, *par Henry Fèvre*. . . . . *franco* 3 25
Souvenirs d'un matelot, *par Georges Hugo* . . . . . . — 3 25
La Mêlée sociale, *par G. Clemenceau* . . . . — 3 25
Germinal, *par E. Zola* . . . . — 3 25

De chez Pedone :

L'Histoire sociale au Palais de Justice, *par Saint-Auban*. . 2 75

De la Revue Blanche :

Sous le Sabre, *par Ajalbert* 2 75
L'Armée contre la Nation, *par U. Gohier* 2 75
Les Prétoriens et les Congrégations, *par U. Gohier*. . . . 2 75

LES TEMPS NOUVEAUX

Paraissant tous les 8 jours avec un Supplément littéraire.

10 centimes le numéro. — *Administration* : **140, rue Mouffetard.**

Abonnements : France, un an, 6 fr.; Extérieur, 8 fr.

En vente aux *Temps Nouveaux* :

L'Éducation libertaire, *par Domela Nieuwenhuis, couverture de Hermann-Paul* (1) . . . . » **15**

Enseignement bourgeois et enseignement libertaire, *par J. Grave couverture de Cross* . . . . » **15**

Le Machinisme, *par J. Grave, avec couverture de Luce* . . . » **15**

Les Temps nouveaux, *par Kropotkine, avec couverture ill. par C. Pissarro* . . . . » **30**

Pages d'histoire socialiste, *par W. Tcherkesoff.* . . . . . » **30**

La Panacée-Révolution, *par J. Grave, avec couverture de Mabel.* » **15**

L'Ordre par l'anarchie, *par D. Saurin.* . . . . » **30**

La Société au lendemain de la Révolution, *par J. Grave.* . » **70**

Education. — Autorité paternelle, *par A. Girard, avec couverture de Luce* . . . . » **15**

Entre Paysans, *par Malatesta, avec couverture de Wuillaume.* » **15**

Déclarations *d'Etiévant, couverture de Jehannet* . . . . . » **15**

L'Art et la Société, *par Ch.-Albert* . . . . » **20**

La Liberté par l'enseignement, *couverture de Wuillaume.* . » **10**

A mon Frère le paysan, *par E. Reclus,* *couverture de L. Chevalier.* . . . . » **15**

La Morale anarchiste, *par Kropotkine* . . . . » **15**

Les Temps Nouveaux, 1re, 2e, 3e, 4e et 5e années, complètes : 7 fr. l'année. — Les cinq ensemble : 25 francs.

La Révolte, collection complète (trois seulement) : 150 francs.

COLLECTIONS DE 30 LITHOGRAPHIES

Ont déjà paru : **L'Incendiaire,** *par Luce* (épuisée). — **Porteuses de bois,** *par C. Pissarro* (épuisée). — **L'Errant,** *par X.* — **Le Démolisseur,** *par Signac.* — **L'Aube,** *par Jehannet.* — **L'Aurore,** *par Wuillaume.* — **Les Errants,** *par Rysselberghe.* — **L'Homme mourant,** *par L. Pissarro.* — **Les Sans-gîte,** *par C. Pissarro.* — **Sa Majesté la Famine,** *par Luce.* — **On ne marche pas sur l'herbe,** *par Hermann-Paul.* — **La Vérité au Conseil de guerre,** *par Luce.* — **Mineurs belges,** *par Constantin Meunier.* — **Ah! les sales corbeaux!** *de J. Hénault.* — **La Guerre,** *de Maurin.* — **Epouvantails,** *de Chevalier.* — **Capitalisme,** *de Comin'Ache.* — **Education chrétienne,** *de Roubille.* — **Provocation,** *de Lebasque.*

Ces lithographies sont vendues 1 fr. 25 l'exemplaire sur papier de Hollande, franco 1 fr. 40; édition d'amateur : 3 fr. 25, franco 3 fr. 40.

Il ne reste qu'un nombre très limité de collections complètes. Elles sont vendues 50 francs ce qui est paru de l'édition ordinaire, 100 francs celle d'amateur.

Nous préparons aussi une série d'images à l'usage des enfants. — **La première** : *Chauvinard*, est parue. . . . . » **15**

(1) Pris dans nos bureaux ou par un certain nombre à la fois, les petites brochures se vendent 0 fr. 05, les lithographies 0 fr. 15, et les volumes 0 fr. 25 en moins.

1900-01. Paris. — Imprimerie Charles Blot, 7, rue Bleue.

www.ingramcontent.com/pod-product-compliance
Ingram Content Group UK Ltd.
Pitfield, Milton Keynes, MK11 3LW, UK
UKHW012309240726
13966UKWH00004B/1753

9 782013 458078